«El puritano Willi
no es otra cosa c
de Dios vuelta al
devuelta de nuev
Pero ¿cómo es er
los que amas y *5 r*
den a esa pregunta. Te guiarán en el uso de la Palabra
de Dios en la oración. Y orar la Palabra de Dios es mi
consejo número uno para ayudar a las personas a avi-
var su vida de oración. Lee estos libros y vivifica tus
oraciones».

Tim Chester, pastor de la iglesia Grace,
Boroughbridge, y autor de *You Can Pray*
[Puedes orar] (IVP)

«*5 razones para orar* es un medio brillantemente sencillo pero enormemente eficaz para estimular tu vida de
oración por la iglesia, la misión, la familia y los amigos.
Accesible y atractivo, con mucha Escritura para enfocar
la oración, será una gran herramienta para que las iglesias ayuden a sus miembros a orar de forma habitual
y creativa».

Trevor Archer, director de FIEC Londres

«Recomiendo esta serie sencillamente porque me ha
movido a orar. Me mostró formas de orar por mi iglesia
y mis seres queridos, y encendió en mi corazón el *deseo*
de orar. Son libros sencillos, con el objetivo modesto
y eternamente profundo de mostrar cómo la Biblia
informa nuestras oraciones. Rachel Jones consigue reti-
rarse del cuadro y deja que el lector vea lo sencillo que
es alinear nuestras oraciones con la voluntad de nuestro

Padre que nos escucha. Estos libros bien podrían ser una causa de gran bendición para tu iglesia y las personas que amas».

John Hindley, pastor de la Iglesia BroadGrace, Norfolk, y autor de *Serving Without Sinking* [Servir sin hundirse] y *You Can Really Grow* [Realmente puedes crecer]

«Para aquellos de nosotros que a menudo luchamos por saber qué orar por nuestra iglesia y por las personas que amamos, estos libros son brillantes, ya que nos dan muchas cosas realmente útiles y específicas para orar que provienen directo de la Palabra de Dios. Con una mezcla de alabanza, confesión, acción de gracias y petición, las oraciones se centran en lo que significa vivir a la luz de la eternidad en las diferentes situaciones que se destacan. Empezar con la Escritura es realmente útil para asegurar que no estamos orando simplemente para que cambien las circunstancias, como tendemos a hacer, sino más bien por corazones transformados que traen honor y gloria a Dios».

Andrea Trevenna, ministra asociada para mujeres en St Nicholas, Sevenoaks, y autora de *The Heart of Singleness* [El corazón de la soltería]

5 RAZONES PARA ORAR POR TU IGLESIA

Oraciones que transforman
la vida de tu iglesia

RACHEL JONES

SERIE EDITADA POR CARL LAFERTON

5 RAZONES PARA ORAR POR TU IGLESIA

Oraciones que transforman
la vida de tu iglesia

RACHEL JONES
SERIE EDITADA POR CARL LAFERTON

ESPAÑOL
BRENTWOOD, TENNESSEE

5 razones para orar por tu iglesia: Oraciones que transforman la
vida de tu iglesia

Copyright © 2023 por Rachel Jones
Todos los derechos reservados.
Derechos internacionales registrados.

B&H Publishing Group
Brentwood, TN 37027

Diseño de portada: B&H Español

Director editorial: Giancarlo Montemayor
Editor de proyectos: Joel Rosario
Coordinadora de proyectos: Cristina O'Shee

Clasificación Decimal Dewey: 248.3

Clasifíquese: ORACIÓN/ MEDITACIONES/ IGLESIA

A menos que se indique de otra manera, las citas bíblicas marcadas
NVI se tomaron de La Santa Biblia, Nueva Versión Internacional®,
© 1999 por Biblica, Inc.®. Usadas con permiso. Todos los derechos
reservados.

ISBN: 978-1-0877-6795-6

Impreso en EE. UU.
1 2 3 4 5 * 26 25 24 23

CONTENIDO

POR LA IGLESIA EN GENERAL

INTRODUCCIÓN A LA SERIE

Me pregunto si alguna vez te costó creer este famoso versículo de la Biblia:

> *«La oración del justo es poderosa y eficaz».*
> *(Sant. 5:16)*

Santiago nos dice que cuando la gente justa hace oraciones justas, algo sucede. Las cosas cambian. Las oraciones del pueblo de Dios son poderosas. Pero no son poderosas porque nosotros seamos poderosos, o porque las palabras que decimos sean de alguna manera mágicas, sino porque la Persona a la que oramos es infinita e inimaginablemente poderosa. Y nuestras oraciones son eficaces, no porque seamos especiales, o porque haya una fórmula especial que utilizar, sino porque el Dios al que oramos se complace en responder nuestras oraciones y cambiar el mundo gracias a ellas.

Entonces, ¿cuál es el secreto de la oración eficaz? ¿Cómo puedes pronunciar oraciones que realmente cambien las cosas? Santiago sugiere dos preguntas que debemos hacernos.

Primero, ¿eres justo? Una persona justa es alguien que tiene una relación correcta con Dios, alguien quien, a través de la fe en Jesús, ha sido perdonado y aceptado como hijo de Dios. Cuando oras, ¿lo haces no solo a tu Hacedor, no solo a tu Gobernante, sino a tu Padre celestial, que te ha perdonado completamente a través de Jesús?

En segundo lugar, ¿reflejan tus oraciones esa relación? Si sabemos que Dios es nuestro Hacedor, nuestro Gobernante y nuestro Padre, querremos orar oraciones que le agraden, que reflejen Sus deseos, que se alineen con Sus prioridades para nuestras vidas y para el mundo. La clase de oración que realmente cambia las cosas es la que ofrece un hijo de Dios que refleja el corazón de Dios.

Por eso, cuando los hijos de Dios oran en la Biblia, a menudo encontramos que utilizan la Palabra de Dios para guiar sus oraciones. Así, cuando Jonás oró en el vientre de un pez para agradecer a Dios su rescate (Jon. 2:1-9), utilizó las palabras de varios salmos entretejidos. Cuando los primeros cristianos se reunieron en Jerusalén para orar, utilizaron los temas del Salmo 2 para guiar su alabanza y sus peticiones (Hech. 4:24-30). Y cuando Pablo oró para que sus amigos crecieran en amor (Fil. 1:9), estaba pidiendo al Padre que obrara en ellos lo mismo que el Señor Jesús oró por nosotros (Juan 17:25-26), y lo que el Espíritu Santo está haciendo por todos los creyentes (Rom. 5:5). Todos ellos utilizaron las palabras de Dios para guiar sus palabras a Dios.

¿Cómo puedes orar de manera poderosa y efectiva, que cambie las cosas, que haga que las cosas sucedan? Primero, siendo un hijo de Dios. En segundo lugar, elevando oraciones bíblicas, que utilizan las palabras de Dios para asegurarte de que tus oraciones le agraden y comparten Sus prioridades.

Para eso está aquí este pequeño libro. Contiene sugerencias de cómo orar por veintiún aspectos diferentes de la vida de la iglesia. Y para cada uno de ellos, encontrarás orientación sobre lo que podemos orar: por los líderes, por los niños, por los que buscan, por una predicación fiel, por una comunidad amorosa, por un evangelismo audaz, y mucho más. Cada sugerencia de oración se basa en un pasaje de la Biblia, para que puedas estar seguro de que son oraciones que Dios quiere que hagas por tu familia de la iglesia.

Hay cinco sugerencias diferentes para cada una. Por lo tanto, puedes utilizar este libro de diversas maneras.

🐾 *Puedes hacer una oración diaria por tu familia de la iglesia durante tres semanas, y luego empezar de nuevo.*

🐾 *Puedes tomar uno de los temas de oración y orar una parte cada día, de lunes a viernes.*

🐾 *O puedes ir entrando y saliendo, cuando quieras y necesites orar por un área concreta de la vida de la iglesia.*

🐾 *También hay un espacio en cada página para que escribas los nombres de los miembros de la iglesia que quieras recordar en oración.*

Esta no es de ninguna manera una guía exhaustiva: ¡hay muchas más cosas por las que puedes orar por tu iglesia! Pero puedes estar seguro de que, al utilizarla, estás haciendo grandes oraciones, las que Dios quiere que hagas. Y Dios promete que «la oración del justo es poderosa y eficaz». Esa es una promesa a la que vale la pena aferrarse con confianza. A medida que oramos confiando en esta promesa, cambiará nuestra forma de orar y lo que esperamos de nuestras oraciones.

Cuando las personas justas hacen oraciones justas, algo sucede. Las cosas cambian. Así que, cuando utilices este libro para guiar tus oraciones, anímate, estate expectante y mantén los ojos abiertos para que Dios haga «muchísimo más que todo lo que podamos imaginarnos o pedir» (Ef. 3:20). Él es poderoso; y tus oraciones también lo son.

Carl Laferton
Director editorial | The Good Book Company

5 RAZONES PARA ORAR

PARA QUE EN MI IGLESIA...

RECUERDEN LO QUE SOMOS

1 PEDRO 2:9-10

PERSONAS POR LAS QUE ORAR:

_____

_____

_____

_____

Ayuda a mi familia de la iglesia a recordar que somos…

1 UNA NACIÓN SANTA

«Pero ustedes son linaje escogido […] nación santa». (v. 9)

Agradece a Dios por haber elegido mostrar Su maravillosa gracia a ti y a tu familia de la iglesia. Agradece a Dios porque los que están en Cristo son nuevas creaciones, una nueva «raza» (o nación) de personas. Ora para que los miembros de tu iglesia actúen cada vez más como el pueblo santo que Dios ha declarado que son.

2 REAL SACERDOCIO

Agradece a Dios por el título que ha dado a Su pueblo elegido: «sacerdotes».

Como los sacerdotes del Antiguo Testamento, debemos representar a la gente ante Dios y representar a Dios ante la gente. Pide que tu iglesia sea fiel en la oración por los que están dentro y fuera de tu comunidad. Y ora para que seas fiel en hablar y aplicar la Palabra de Dios en las vidas de los que te rodean.

3 POSESIÓN ESPECIAL DE DIOS

Agradece a Dios que ha hecho de tu iglesia «pueblo que pertenece a Dios» (v. 9).

Agradécele que pueden estar seguros de Su amor, sin importar lo que la vida les depare. Ora para que esto dé a tu iglesia un gran sentido de seguridad y confianza; ora para que no teman lo que otros puedan pensar de ti o hacerte.

4 LLAMADOS

Agradece que Dios haya llamado a cada miembro de tu iglesia «de las tinieblas a su luz admirable» (v. 9).

Dedica unos momentos a dar gracias a Dios por la forma en que ha llamado a algunas personas concretas que conoces. Ora para que tu iglesia «[proclame] las obras maravillosas» de Dios, viviendo de forma distintiva y hablando de las buenas nuevas con valentía.

5 RECEPTORES DE MISERICORDIA

Agradece a Dios porque, aunque «antes no habían recibido misericordia [...] ahora ya la han recibido» (v. 10).

Ora para que tu iglesia crezca en la apreciación de la profundidad de la misericordia de Dios, y para que esto aplaste cualquier sentimiento persistente de auto-justificación. Ora para que muestren misericordia entre ustedes, por las cosas pequeñas, las grandes y las que parecen suceder una y otra vez.

5

RAZONES PARA ORAR

PARA QUE EN MI IGLESIA...

SEAN UN CUERPO QUE CRECE EN MADUREZ

EFESIOS 4:11-16

PERSONAS POR LAS QUE ORAR:

_____

_____

_____

_____

Padre Dios, ayúdanos a...

ESTAR PREPARADOS

Agradece a Dios por los líderes que «Él mismo» ha dado a tu iglesia, «a fin de capacitar al pueblo de Dios para la obra de servicio» (vv. 11-12).

Ora para que tu iglesia (y tus líderes) vean a tus líderes de la misma manera que Pablo: no están ahí para hacerlo todo ellos mismos, sino para equipar a todo el pueblo de Cristo para hacer Su obra. Pide a Dios que dé a los líderes sabiduría para discernir las áreas en las que los miembros necesitan más preparación, y la mejor manera de hacerlo.

ESTAR UNIDOS

«De este modo, todos llegaremos a la unidad...» (v. 13).

Ora para que la unidad de tu iglesia no provenga de ser tipos similares de personas en primer lugar, sino que sea de una clase más profunda: «unidad de la fe y del conocimiento del Hijo de Dios». ¡Gracias a Dios que, a través del evangelio, esa unidad es posible!

 ## LLEGAR A LA MADUREZ

Ora para que tu iglesia crezca más y más hasta llegar a ser «como aquel que es la cabeza, es decir, Cristo» (v. 15).

Ora para que tu familia crezca «en todo», en cada área de la vida de los creyentes.

 ## ESTAR FIRMES

Ora para que tu iglesia no sea «[zarandeada] por las olas y [llevada] de aquí para allá» (v. 14).

¿Qué circunstancias difíciles amenazan con desestabilizar a los individuos en tu iglesia? ¿En qué enseñanzas bíblicas están tentados a transigir? Ora para que tu iglesia se mantenga firme en la verdad. Ora para que cada miembro, ya sea que esté predicando desde el frente, contribuyendo en un estudio bíblico o conversando en un café, permanezca confiado en las verdades de la Palabra de Dios.

EDIFICAR A OTROS

Pide a Dios que ayude a tu iglesia a crecer y a edificarse unos a otros (v. 16).

¡Pídele a Dios que te dé oportunidades específicas para hacerlo cuando te reúnas de nuevo con tu familia de la iglesia! Ora para que no te acobardes al decirles la verdad difícil a los demás, sino que lo hagas «en amor». Agradece a Dios porque, «sostenido y ajustado por todos los ligamentos», el cuerpo que es la iglesia crece, «según la actividad propia de cada miembro». Ora para que los que están al margen de la vida de la iglesia lleguen a ver el papel esencial que pueden desempeñar.

5

RAZONES PARA ORAR

PARA QUE EN MI IGLESIA...

SE DEDIQUEN LOS UNOS A LOS OTROS

HECHOS 2:42-47

PERSONAS POR LAS QUE ORAR:

_____

_____

_____

_____

Padre celestial, ayúdanos a dedicarnos a...

1 APRENDER JUNTOS

Agradece a Dios que haya dado a la iglesia «la enseñanza de los apóstoles» en las páginas de la Escritura (v. 42).

Ora para que tu iglesia se dedique a aprender juntos de la Escritura, ya sea en los servicios dominicales, en los grupos de estudio bíblico o de forma individual. Ora para que te comprometas a asistir, incluso al final de un día agotador o de una semana agitada. Y ora para que sus corazones y sus mentes se comprometan y se conmuevan con la Palabra de Dios mientras se reúnen semana a semana.

2 CONSTRUIR RELACIONES

«Se mantenían firmes [...] en la comunión [...]. Todos los creyentes estaban juntos» (vv. 42, 44).

Pide que tu iglesia también se dedique a pasar el tiempo necesario para forjar relaciones significativas. Agradece a Dios por los amigos que ya tienes en la iglesia; luego piensa en oración con quién más podrías tratar de profundizar tu relación este mes.

ORAR JUNTOS

> *«Se mantenían firmes [...] en la oración»* (v. 42).

A veces se dice que las reuniones de oración de una iglesia son como un barómetro espiritual. ¿Cuál es la lectura del barómetro de tu iglesia? Pide que la cultura de la oración impregne tu iglesia, y que Dios haga de ustedes personas que se deleiten en reunirse para orar.

SATISFACER NECESIDADES...

> *Los primeros creyentes «vendían sus propiedades y posesiones, y compartían sus bienes entre sí según la necesidad de cada uno»* (v. 45).

Ora para que tu iglesia también sea sacrificada en su generosidad, siempre dispuesta a suplir las necesidades materiales, emocionales y espirituales de los demás. Ora para que estés dispuesto a renunciar a tiempo, dinero o comodidad para asegurar que otros tengan lo que necesitan.

5 ... Y AUMENTAR NUESTRO NÚMERO

> *Agradece a Dios por las personas y familias que ha «[añadido a tu] grupo» recientemente (v. 47).*

Ora para que tu iglesia sea una comunidad amigable y acogedora con los recién llegados. Ora para que tu iglesia crezca: que las personas acudan a las reuniones, que se les presente a Jesús, que lo vean actuar en la vida de Su pueblo y que pongan su fe en Su obra salvadora.

5

RAZONES PARA ORAR

PARA QUE EN MI IGLESIA...

SE AMEN Y SE SIRVAN LOS UNOS A LOS OTROS

1 CORINTIOS 13:4-7

PERSONAS POR LAS QUE ORAR:

_____

_____

_____

_____

Señor, ayúdanos a amarnos los unos a los otros en una manera que…

1 SEA PACIENTE Y BONDADOSA

«El amor es paciente, es bondadoso» (v. 4).

Agradece a Dios por ser paciente con tu iglesia. A pesar de todos sus defectos, ¡Él sigue atesorándolos! Ora para que en tu iglesia se amen con la misma paciencia, para que no se molesten cuando las personas parezcan lentas para cambiar o no hagan las cosas como a ti te gustaría. Ora para que el amor se desborde en actos de bondad hacia los demás.

2 NO SEA ORGULLOSA NI EGOÍSTA

«… ni orgulloso […] no es egoísta…» (vv. 4-5).

Ora para que, como iglesia, se amen unos a otros con la humildad de Cristo: dispuestos a hacer los trabajos sucios, difíciles o aburridos; dispuestos a asociarse con personas que parecen necesitadas, frustrantes o simplemente un poco extrañas. Ora para que cada uno de ustedes no busque su propio beneficio o disfrute, sino que haga las cosas en beneficio de los demás.

 ## NO GUARDE RENCOR

«... no guarda rencor» (v. 5).

Vas a herir a otros, a defraudarlos y a tomar malas decisiones, y tus hermanos y hermanas en Cristo también lo harán contigo. Agradece a Dios que no guarda registro de sus males; ora para que, como iglesia, tampoco lo hagan. Pide la gracia para arrepentirte rápidamente, perdonar rápidamente y seguir adelante rápidamente.

 ## SE REGOCIJA CON LA VERDAD

Dedica algún tiempo a regocijarte por las personas de tu iglesia que Dios ha llevado recientemente a confiar en la verdad salvadora del evangelio (v. 6).

O piensa en algunos de tus hermanos que han crecido en su conocimiento de la verdad, y cómo eso ha estado cambiando sus vidas, ¡entonces regocíjate! Ora para que tu iglesia siempre se regocije en la verdad.

 ## CREE, ESPERA, SOPORTA

Ora para que Dios te forme como una comunidad que «todo lo cree, todo lo espera, todo lo soporta» (v. 7).

Ora para que confíen los unos en los otros lo suficiente como para ser sinceros; para que sus esperanzas se conviertan en las esperanzas de los demás, ya que desean lo mejor para cada uno; para que sus relaciones duren a largo plazo, ya que su amor persevera en los buenos y malos momentos.

5 RAZONES PARA ORAR

PARA QUE EN MI IGLESIA...

SOSTENGAN LA VERDAD

SALMO 19:7-13

PERSONAS POR LAS QUE ORAR:

_____

_____

_____

_____

_Padre todopoderoso, ayúdanos a ser una iglesia que
considere tu Palabra como…_

PERFECTA

> _«La ley del SEÑOR es perfecta: infunde nuevo
> aliento» (v. 7)._

Agradece a Dios que no nos ha dejado librados a con-
jeturas, sino que nos ha proporcionado Su Palabra per-
fecta y fiable para que podamos conocerlo de verdad.
Ora para que, mientras tu iglesia se reúne en torno a
la Biblia, sus almas sea refrescadas al encontrarse con
el Dios vivo.

RADIANTE

> _Agradece a Dios que Su palabra radiante da
> «luz a los ojos» (v. 8)._

Agradécele porque, por el poder del Espíritu Santo, las
páginas de la Escritura nos muestran quién es Jesús y
lo que ha hecho. Las personas cambian cuando se les
enseñan las verdades de la radiante Palabra de Dios, así
que ora para que los maestros de tu iglesia recuerden

esto. Pide a Dios que use sus palabras esta semana para iluminar muchos ojos.

FIRME

En un mundo en el que los objetivos morales parecen cambiar a menudo, agradece a Dios que Sus palabras «son verdaderas: todas ellas son justas» (v. 9).

Ora para que tu iglesia no se amolde a la cultura; tal vez haya áreas específicas en las que estés sintiendo particularmente la presión en este momento. Ora para que todos sostengan firmemente que lo que la Biblia afirma que es correcto y sabio realmente es correcto y sabio.

DULCE

Los decretos de Dios son «más dulces que la miel, la miel que destila del panal» (v. 10).

Considera qué es lo que más te gusta comer; luego ora para que a tu iglesia le encante alimentarse de la Palabra de Dios, ¡más de lo que a ti te encanta alimentarte de esa comida! Ora para que el aprendizaje de la Escritura no sea un ejercicio árido y académico, sino un delicioso y dulce manjar.

UNA ADVERTENCIA

El salmista pregunta: «¿Quién está consciente de sus propios errores?» (v. 12).

Ora para que tu iglesia no salga de su reunión juntos e ignore, u olvide, lo que ha escuchado. En cambio, ora para que las advertencias de la Palabra de Dios cambien su forma de vivir (v. 11). Ora para que la Escritura les muestre sus faltas ocultas y se aparten del pecado, para que cada uno de ustedes sea «libre de culpa y de multiplicar [sus] pecados» (v. 13)

5

RAZONES PARA ORAR

PARA QUE EN MI IGLESIA...

DEN A CONOCER LA GLORIA DE DIOS

ROMANOS 1:14-17

PERSONAS POR LAS QUE ORAR:

_____

_____

_____

_____

Padre, en nuestra evangelización, ayúdanos a...

1 SENTIRNOS EN DEUDA

«Estoy en deuda...» (v. 14).

A veces, la gente piensa que la evangelización es algo que se debe dejar a los «expertos» o a los líderes de la iglesia. Pero se nos ha dado tanto en el evangelio de Jesucristo que cada cristiano está en deuda y obligado a compartirlo. Ora para que cada miembro de tu iglesia sienta esa carga de proclamar el evangelio, sacudiendo la apatía y llenándose de compasión por los perdidos.

2 LLEGAR A DIVERSOS GRUPOS

«... sean cultos o incultos, instruidos o igno-rantes» (v. 14).

Ora para que tu iglesia llegue a diversos grupos de personas dentro de tu comunidad. Todos tendemos a inclinarnos hacia las personas que son como nosotros; pero ora para que tu iglesia sea capaz de salir de su zona de confort. ¿Cómo se vería eso en tu situación? Ora para que acojan con cariño a todo tipo de personas, confiando en que el evangelio puede transformar a todos.

ESTAR DISPUESTOS

«De allí mi gran anhelo de predicarles el evangelio...» (v. 15).

A menudo, nuestros esfuerzos de evangelización nos hacen sentir culpables e incómodos. Ora para que tu iglesia comparta el gozo y el entusiasmo de Pablo ante la perspectiva de predicar el evangelio.

TENER CONFIANZA

«... no me avergüenzo del evangelio...» (v. 16).

Ora por audacia cuando tu iglesia se dispersa cada semana en sus hogares, barrios y lugares de trabajo; para que busquen sin vergüenza las oportunidades de compartir el evangelio. Tal vez esta sea una época de desánimo para algunos miembros de tu iglesia; ora para que, incluso cuando la gente parezca responder con indiferencia, ustedes sigan confiando en que el evangelio es *bueno* y *poderoso*, lo suficiente como para traer «la salvación de todos los que creen» (v. 16).

5 MARAVILLARNOS CON EL EVANGELIO

Toma unos minutos para maravillarte con el versículo 17: «... en el evangelio se revela la justicia que proviene de Dios, la cual es por fe de principio a fin...».

Agradece a Dios que, por medio de la fe en el evangelio, has sido hecho justo; y agradécele por hacer justos también a tus hermanos en Cristo. Ora para que, como iglesia, nunca dejen de maravillarse por la increíble gracia de Dios hacia ustedes.

5

RAZONES PARA ORAR

PARA QUE EN MI IGLESIA...

DEN
GENEROSAMENTE

2 CORINTIOS 9:6-15

PERSONAS POR LAS QUE ORAR:

_____

_____

_____

_____

Señor, mientras ofrendamos a tu obra, ayúdanos a...

1 DAR CON GOZO

«Dios ama al que da con alegría» (v. 7), ¡así que ora para que tu iglesia esté llena de esta clase de gente!

Ora para que la gente de tu iglesia no dé «de mala gana ni por obligación», sino con gozo, por gratitud a todo lo que Dios les ha dado. Ora para que se arraigue en tu iglesia una cultura de dar con alegría: que den generosamente no solo a la iglesia en sí, sino también directamente a los demás cuando surjan necesidades.

2 ABUNDAR EN BUENAS OBRAS

«... toda buena obra abunde en ustedes» (v. 8).

Muchas personas tienen más dinero que tiempo. Así que ora para que los miembros también estén dispuestos a dar generosamente su tiempo y esfuerzo para servir a la familia de la iglesia, tanto de manera formal como informal. Agradece a Dios por los que ya

abundan en buenas obras; ora para que más volunta-
rios se ofrezcan para los ministerios que los necesitan;
y pide a Dios que anime a los siervos cansados que
conoces.

CRECER EN JUSTICIA

«[Él] hará que ustedes produzcan una abun-
dante cosecha de justicia» (v. 10).

Al dar, tenemos la oportunidad de crecer más como
nuestro generoso Padre celestial. Ora para que tu iglesia tenga la perspectiva correcta sobre lo que da: no
como una mera forma de mantener las luces del edificio
encendidas, sino como una emocionante oportunidad
de «abundante cosecha de justicia».

SEÑALAR A LAS PERSONAS A CRISTO

«… ellos alabarán a Dios por la obediencia
con que ustedes acompañan la confesión
del evangelio de Cristo…» (v. 13).

Alaba a Dios por las ofrendas obedientes que el evangelio ha provocado en tu iglesia. Luego ora por los
responsables de gastar este dinero, pidiendo que se
gaste sabiamente, para fines del evangelio. Ora para
que, a medida que estos recursos permitan que más
personas escuchen las buenas nuevas, esas personas
las crean ¡y a su vez alaben a Dios! Ora por algunas
personas o proyectos específicos que tu iglesia apoya
financieramente.

5 AGRADECER A DIOS...

«... por su don inefable» (v. 15).

Nada de lo que demos puede compararse con las maravillosas riquezas que Dios nos ha dado en Su Hijo; dale las gracias ahora.

5
RAZONES PARA ORAR

PARA QUE YO...

USE BIEN
MIS DONES

ROMANOS 12:1-9

PERSONAS POR LAS QUE ORAR:

_____

_____

_____

_____

Padre Dios, por favor ayúdame a...

1 SERVIR CON SACRIFICIO

Debemos servir a los demás «tomando en cuenta la misericordia de Dios» (v. 1), motivados por la gracia que nos ha mostrado.

Dedica un tiempo a reflexionar y agradecer a Dios Su misericordia. Luego ora para que ofrezcas tu vida entera como un acto de «culto racional» en respuesta a lo que Él ha hecho por ti: servir a un gran costo para ti mismo, así como Dios te dio tanto a un gran costo de Su propio Hijo.

2 SERVIR CON HUMILDAD

Pablo es inequívoco: «Nadie tenga un concepto de sí más alto que el que debe tener» (v. 3).

Sin embargo, con frecuencia, el ejercicio de nuestros dones nos lleva a tener sentimientos de orgullo, aunque sean secretos: «Yo podría haber enseñado eso mejor que él»; «Estoy mucho más comprometido que ella»; «Mi talento se está desperdiciando en este trabajo». Confiesa tu pecado a Dios y pídele que elimine tu orgullo y te haga crecer en humildad.

3 VALORAR LOS DONES DE OTROS

> *Agradece a Dios la maravillosa diversidad de Su iglesia: un cuerpo «con muchos miembros» en el que todos «tenemos dones diferentes» (vv. 4-6).*

Piensa en algunas personas concretas de tu iglesia y agradece a Dios la forma en que las ha equipado para servir a Su pueblo. Ora para que valores los talentos y las habilidades de los demás: para que te acuerdes de mostrar tu aprecio y los animes a utilizar bien esos dones.

4 USAR MIS DONES

> *«Si el don de alguien es el de profecía [...] si es el de prestar un servicio, que lo preste [...]» (vv. 6-7).*

Dios nos ha dado dones para que los usemos. Pídele a Dios que te muestre si estás utilizando bien los dones que te ha dado (ya sean tus habilidades o tu dinero, v. 8). Agradece a nuestro Padre por las oportunidades que tienes de servir a tu iglesia. Ora para que sirvas con la actitud correcta, nunca a regañadientes, sino con gentileza y alegría (v. 8).

5 AMAR SINCERAMENTE

«El amor debe ser sincero» (v. 9).

A veces servimos para que la gente nos ame (o al menos nos quiera y respete). Pero ora para que sirvas como una expresión de amor genuino hacia los demás, sea lo que sea que estés haciendo. Ora para que tu amor sea «sincero»: que mientras amas a los demás sirviéndoles prácticamente, los ames también de corazón.

5 RAZONES PARA ORAR

PARA QUE YO...

PERSEVERE CUANDO ME CANSE

HEBREOS 10:19-25

PERSONAS POR LAS QUE ORAR:

_____

_____

_____

_____

Padre, cuando me sienta cansado, ayúdame a...

1 AGRADECERTE

«... mediante la sangre de Jesús, tenemos plena libertad para entrar en el Lugar Santísimo» (v. 19).

Reunirse para adorar a Dios con nuestra familia de la iglesia puede parecer a veces una tarea. Pero estos versículos nos recuerdan que es un privilegio que se ganó a pulso por la sangre de Jesús. Agradece a Cristo que nos haya abierto un camino hacia la relación con Dios a través de Su muerte (v. 20).

2 ACERCARME A TI

«Acerquémonos, pues, a Dios...» (v. 22).

A menudo, una conciencia culpable o un sentimiento de incapacidad nos hace querer huir lejos de otros cristianos. Agradece a Dios que la muerte y resurrección de Cristo tienen el poder de «purificarnos» completamente. Agradece a Dios que puedas acercarte a Él «con la plena seguridad que da la fe» (v. 22). Ora para que la próxima vez que te equivoques, te arrepientas rápidamente y recibas el perdón, y puedas ser restaurado en tu familia de la iglesia.

3 MANTENERME INQUEBRANTABLE

A veces son las dudas las que nos hacen querer evitar la iglesia; ora para que «mantengamos firme la esperanza que profesamos», confiando en el carácter inmutable de Dios (v. 23).

Agradece a Dios que es «fiel», incluso cuando Su pueblo no lo es. Ora para que recuerdes y te aferres a Su fidelidad cuando otros te decepcionen.

4 ANIMAR A OTROS

Hebreos nos dice que nos preocupemos «los unos por los otros, a fin de estimularnos al amor y a las buenas obras» (v. 24). ¡Considera eso ahora!

Pídele a Dios que renueve tu actitud para que te reúnas con tu familia de la iglesia no para entretenerte o solo para alimentarte con la Palabra de Dios, sino con la intención de estimular a los demás. O tal vez sientas que estás haciendo muchas cosas con poco efecto; pídele a Dios que use tus palabras y tu ejemplo para dar fruto en la vida de los demás.

NUNCA RENDIRME

«No dejemos de congregarnos…» (v. 25).

A veces, cuando estamos cansados, acudimos a la iglesia físicamente, pero nos desvinculamos de los demás espiritual y emocionalmente. Pídele a Dios que te ayude a no dejar de «reunirte» de verdad con los demás; y que, al participar, te sientas animado. ¡Agradece a Dios que se acerca «aquel día» en el que la comunión con Su pueblo nunca será agobiante! Pídele que te mantenga avanzando hasta entonces.

5 RAZONES PARA ORAR

PARA QUE YO...

SEA QUIEN MI FAMILIA NECESITA QUE SEA

EFESIOS 4:1-6

PERSONAS POR LAS QUE ORAR:

_____

_____

_____

_____

AGRADECE A DIOS

Agradece a Dios que te haya llamado a ser uno de los suyos (v. 1).

Los tres primeros capítulos de Efesios describen profusamente lo asombroso de este llamado. Hemos sido llamados a «ser adoptados como hijos suyos por medio de Jesucristo» (1:5). Tenemos «la redención mediante su sangre, el perdón de nuestros pecados» (1:7); «el Espíritu Santo prometido» que «garantiza nuestra herencia» (1:13-14); y «acceso al Padre» (2:18). ¡Nos ama con un «amor que sobrepasa nuestro conocimiento» (3:19)! Alaba y da gracias a Dios por cada una de estas maravillosas verdades. Luego ora para que vivas «de una manera digna del llamamiento» al…

SER COMPLETAMENTE HUMILDE

Pablo nos dice que seamos «siempre humildes» (4:2); no basta con parecer humilde.

Ora para que al mirar la humildad de Cristo, el Espíritu Santo haga que tu corazón se parezca cada vez más al de Él. Ora para que esto se manifieste en las cosas que haces y en la forma en que tratas a las personas en la iglesia.

3 SER COMPLETAMENTE AMABLE

Pide ayuda para ser «siempre [... amable]» en tus acciones, pensamientos y palabras.

Ora para que Dios te impida herir a tus hermanos con palabras duras, cortantes o desconsideradas. Ora para que seas sensible a las necesidades de los demás, y amable al tratar de satisfacerlas.

4 SER PACIENTE

«... pacientes, tolerantes unos con otros en amor» (v. 2).

¿Cuándo te resulta más difícil ser paciente con tu familia de la iglesia? ¿Cuando alguien de tu equipo vuelve a llegar tarde? ¿Cuando ese chico de tu grupo hace otro comentario indiferente? ¿Cuando esa persona a la que estás aconsejando vuelve a equivocarse? Ora para que puedas soportar a los demás «en amor», no con los dientes apretados.

5 PERMANECER UNIDOS

Pide a Dios que te ayude a esforzarte por mantener «el vínculo de la paz» cuando surjan desacuerdos (v. 3).

Agradece a Dios que tu familia eclesial tiene algo más profundo en común que cualquier otra comunidad: son un solo cuerpo que comparte la misma fe y el mismo Padre celestial. «Fueron llamados a una sola esperanza» (v. 4), así que ora para que tu familia eclesial esté unida mientras trabajan por su objetivo común.

5 RAZONES PARA ORAR

POR PERSONAS EN MI IGLESIA

MI LÍDER DE LA IGLESIA

MALAQUÍAS 2:5-6

PERSONAS POR LAS QUE ORAR:

_____

_____

_____

_____

1 AGRADECE A DIOS

Agradece a Dios por el pacto «de vida y paz» que ha hecho con esta persona (v. 5).

Agradece a Dios que, a través del nuevo pacto de la sangre de Cristo, tu líder está en paz con Él y ha recibido el don de la vida eterna. Agradece a Dios por la forma en que, en vista del evangelio, tu líder da su tiempo, esfuerzo y talentos al servicio de tu iglesia.

Luego ora para que el líder de tu iglesia…

2 REVERENCIE A DIOS

«… él me temió, y mostró ante mí profunda reverencia» (v 5).

Alaba a Dios por Su asombrosa y majestuosa santidad y poder. Ora para que tu líder recuerde diariamente este aspecto del carácter de Dios en sus momentos de oración privada y lectura de la Biblia. Es fácil que la rutina del ministerio diario se vea motivada por el temor a la gente o el deseo de complacer a los demás; pero ora para que el líder de tu iglesia se mantenga siempre «ante [Dios en] profunda reverencia» (v. 5).

CAMINE CON RECTITUD

«En paz y rectitud caminó conmigo…» (v. 6).

Nuestros líderes de la iglesia no son inmunes a la tentación; de hecho, el ministerio trae su propio conjunto de desafíos. Así que ora para que tu líder camine con rectitud. Pídele a Dios que le dé fuerza en su lucha diaria contra el pecado, y que le permita liderar con humildad, amor, paciencia y mansedumbre. Ora para que también camine con rectitud en su vida familiar.

BRINDE UNA VERDADERA INSTRUCCIÓN

Ora para que cuando este líder predique y enseñe, «en su boca [haya] instrucción fidedigna; en sus labios no se [encuentre] perversidad» (v. 6).

Agradece a Dios por las formas en que te has beneficiado de la instrucción de tu líder. Ora por tu líder cuando aconseja a las personas, para que Dios también llene su boca con verdadera instrucción en esos momentos.

CONVIERTA A MUCHOS DEL PECADO

«… apartó del pecado a muchos» (v. 6).

Ora para que tu líder no se abstenga de llamar amorosamente a las personas para que se conviertan de su
pecado. En cambio, pide que su «instrucción fidedigna»
sea fructífera para apartar «del pecado a muchos»: por
un discipulado fructífero donde los miembros de la iglesia crezcan en madurez; y por un evangelismo fructífero
mediante el cual las personas se arrepientan y crean en
el evangelio.

5 RAZONES PARA ORAR

POR PERSONAS EN MI IGLESIA

MI GRUPO PEQUEÑO

COLOSENSES 3:15-17

PERSONAS POR LAS QUE ORAR:

Padre celestial, por favor ayúdanos a…

ESTAR EN PAZ

«Que gobierne en sus corazones la paz de Cristo…» (v. 15).

¡Esto es más que la ausencia de discusiones! Gracias a Dios, tu grupo pequeño es «un solo cuerpo», unido como parte del cuerpo de Cristo (v. 15). Sin embargo, todos nosotros hemos tenido en algún momento pensamientos mezquinos, actitudes airadas y motivos de amargura en nuestros corazones, por muy bien que los encubramos. Arrepiéntete ante Dios y pide que la paz de Cristo reine en tu corazón.

ENSEÑAR UNOS A OTROS

«Que habite en ustedes la palabra de Cristo con toda su riqueza: instrúyanse [...] unos a otros» (v. 16).

Ora para que durante los estudios bíblicos en grupos pequeños, no solo aprendan juntos, sino que también se deleiten en la riqueza global del mensaje de Cristo. Gracias a Dios, los grupos pequeños también dan la oportunidad de aprender de la sabiduría de personas en diferentes etapas de la vida. Ora para que todos estén dispuestos a escuchar y aprender.

3 ACONSEJARSE UNOS A OTROS

Los grupos pequeños deben ser un ambiente donde los cristianos puedan «[aconsejarse] unos a otros» (v. 16).

Ora por una cultura grupal de intimidad y franqueza; para que al compartir sus vidas juntos, se rindan cuentas unos a otros, señalen amorosamente el pecado, y se adviertan fervientemente unos a otros contra las malas acciones. Esto es difícil, pero ora para que se amen lo suficiente como para tener estas conversaciones difíciles.

4 AMARSE UNOS A OTROS...

... tanto de «palabra» como de «obra» (v. 17).

Ora para que no sean un grupo que solo se reúna una vez a la semana para hablar de la Biblia, sino un grupo que realmente se ame con palabras y hechos en otros momentos también. ¡Luego, piensa en una manera de poner en práctica este punto de oración!

5 SER VERDADERAMENTE AGRADECIDO

¡Ver los versículos 15, 16 y 17!

Pablo les dice a los colosenses tres veces en estos versículos que sean agradecidos. Así que cuando pienses en tu grupo pequeño, piensa en tres cosas por las que puedes estar agradecido; ¡entonces agradece a Dios por ellas!

5

RAZONES PARA ORAR

POR PERSONAS EN MI IGLESIA

LOS NIÑOS EN MI IGLESIA

SALMO 78:1-7

PERSONAS POR LAS QUE ORAR:

_____

_____

_____

_____

 DA GRACIAS

Da gracias por el «poder del Señor» (v. 4).

Piensa en la historia bíblica que más te gustaba de niño o de nuevo creyente; da gracias a Dios por lo que hizo en la historia, y porque ahora, miles de años después, has «oído y conocido» lo que hizo. Alaba a Dios por «sus proezas, y […] las maravillas que ha realizado», especialmente Su maravillosa obra de rescate de los pecadores mediante la muerte y resurrección de Jesús.

2 PARTICIPACIÓN DE TODA LA IGLESIA

«hablaremos a la generación venidera del poder del Señor» (v. 4).

Fíjate en el plural «hablaremos». Compartir los hechos dignos de alabanza a Dios con los niños es una responsabilidad de todo el pueblo de Dios. Ora para que tu iglesia sea una familia nutrida donde cada niño tenga muchos «tíos» espirituales comprometidos con su crecimiento. Ora por oportunidades para invertir significativamente en las vidas de los niños en tu iglesia.

3 ENSEÑANZA BÍBLICA FIEL

> «[El Señor] promulgó un decreto para Jacob [...] ordenó a nuestros antepasados enseñarlos a sus descendientes» (v. 5).

Ora por aquellos que están particularmente involucrados en la enseñanza de la Biblia a los niños, tanto los padres como los líderes. Ora por algunas de estas personas por nombre, para que enseñen la Biblia con fidelidad y claridad, y para que sean un modelo de lo que significa obedecer los mandatos de Dios.

4 CONFIANZA EN DIOS

> Ora para que los niños de tu iglesia pongan «su confianza en Dios» (v. 7).

Ninguna clase de escuela dominical o club bíblico puede hacer que un niño se convierta en cristiano; esto solo ocurre por la gracia de Dios. Así que pídele ahora que los niños de tu iglesia pongan «su confianza en Dios». Dedica algún tiempo a orar por niños específicos que conozcas.

5 FRUTO PARA LOS AÑOS VENIDEROS

> Ora para que los niños «no se [olviden] de [las] proezas» de Dios cuando crezcan, sino que sigan caminando con Jesús (v. 7).

Ora para que lo que aprendan ahora siente las bases de una fe madura en la edad adulta. Mira hacia adelante

30 años y ora para que un día, estos niños «a su vez los [enseñen] a sus hijos» (v. 6). Ora para que mantener una perspectiva a largo plazo proteja a los padres y líderes del desánimo.

5 RAZONES PARA ORAR

NUESTROS JÓVENES

1 TIMOTEO 4:10-13

PERSONAS POR LAS QUE ORAR:

_____

_____

_____

_____

AGRADECE AL DIOS VIVO

Alaba a Dios porque es «el Dios viviente, que es el Salvador de todos, especialmente de los que creen» (v. 10).

Agradécele porque todos los que ponen su esperanza en Él nunca se verán defraudados. Ora para que los padres y los líderes que trabajan con los jóvenes puedan hacerse eco de Pablo al decir que esto, por encima de cualquier otra cosa, es la razón por la que «trabajamos y nos esforzamos».

Ora para que tus adolescentes den ejemplo de...

AMOR

«... un ejemplo [...] en amor...» (v. 12).

Ora para que los jóvenes crezcan en su comprensión del amor de Dios por ellos, y para que esto se traduzca en un amor creciente por Él y por las personas que los rodean. Si tu iglesia tiene un grupo de jóvenes, ora especialmente para que sea una comunidad de gracia en la que cada persona ame y sea amada, independientemente de las diferencias que pueda haber entre ellos.

FE

> *Ora para que Dios lleve a muchos jóvenes a una fe salvadora en Cristo (v. 12).*

Agradece a Dios por los que ya ha salvado. Ora para que esta sea una fe duradera; que tus adolescentes no se rindan y abandonen la iglesia, sino que perseveren en seguir a Cristo hasta la edad adulta.

HABLA, CONDUCTA Y PUREZA

> *Ora para que la fe que tus jóvenes profesan los domingos se refleje en su forma de actuar y hablar los demás días de la semana (v. 12).*

Pide a Dios que los fortalezca para resistir las tentaciones que enfrentan en casa y en la escuela. Ora especialmente para que se decidan a buscar la pureza sexual.

DEVOCIÓN A LA ESCRITURA

> *«... dedícate a la lectura pública de las Escrituras, y a enseñar y animar a los hermanos» (v. 13).*

¿Cómo se cumplirán los puntos 2-4? A medida que Dios hable a los jóvenes a través de Su Palabra. Ora para que el Espíritu Santo trabaje en los corazones de los adolescentes mientras estudian Su Palabra en sus grupos, la escuchan predicar como parte de la iglesia más amplia, y la leen por su cuenta. Ora para que los jóvenes de tu comunidad sean «dedicados» de la lectura de la Escritura, no por costumbre, culpa o coacción de los padres, sino porque aman caminar de cerca con su Padre celestial.

5

RAZONES
PARA ORAR

POR PERSONAS EN MI IGLESIA

LOS QUE AÚN NO
SON CRISTIANOS

HECHOS 17:10-12

PERSONAS POR LAS QUE ORAR:

_____

_____

_____

_____

Puedes utilizar esto para orar por una persona o una familia, o por un próximo evento de evangelización. Ora por…

1 EL APOYO DE TODA LA IGLESIA

> *«… los hermanos enviaron a Pablo y a Silas a Berea…» (v. 10).*

Ora para que compartir el evangelio no sea algo que se deje en manos de unos pocos evangelistas entusiastas y solitarios, sino algo que tenga el respaldo y la participación activa de toda la comunidad. Ora para que todos en tu iglesia vean la necesidad de dedicar dinero, tiempo y talentos a la evangelización.

2 UNA RECEPCIÓN ENTUSIASTA

> *Ora para que, al igual que los de Berea, los que aún no son cristianos reciban «el mensaje con toda avidez» (v. 11).*

Pídele a Dios que prepare sus corazones para el mensaje; que elimine los obstáculos y haga crecer en ellos el hambre espiritual. Ora para que el ver a la gente responder al mensaje con curiosidad, entusiasmo y alegría anime a tu iglesia.

3 UNA MAYOR EXAMINACIÓN DE LA ESCRITURA

> *«Estos [...] examinaban las Escrituras para ver si era verdad lo que se les anunciaba» (v. 11).*

La fe que se construye sobre la fuerza de la personalidad de alguien o el carisma de su predicación no durará. Pero la Palabra de Dios es verdaderamente poderosa. Ora para que, cuando los no creyentes encuentren a Cristo en las páginas de la Escritura, se sientan constreñidos por la evidencia histórica y atraídos por Su carácter.

4 LA CONVICCIÓN DE MUCHOS

> *«Muchos de los judíos creyeron...» (v. 12).*

Pide sencilla y llanamente que muchos de los que escuchen las buenas noticias sobre Jesús en tu iglesia las crean.

5 DIVERSIDAD

> *En Berea, muchos judíos se convirtieron en creyentes, «incluso mujeres distinguidas y no pocos hombres» (v. 12).*

Agradece a Dios que Él da la bienvenida a todo tipo de personas en Su familia; ora para que tu iglesia también lo haga. Alabemos a Dios porque el mensaje del evangelio tiene el poder de salvar a cualquier persona, sin importar su origen. Agradece a Dios por algunos de los «conversos improbables» que ya forman parte de tu iglesia; ora para que traiga muchos más.

5 RAZONES PARA ORAR

POR PERSONAS EN MI IGLESIA

LOS MINISTERIOS DE MISERICORDIA

HECHOS 6:1-7

PERSONAS POR LAS QUE ORAR:

_____

_____

_____

_____

Eleva este ministerio ante el Señor y pide que...

1 IMPARTA JUSTICIA

«... sus viudas eran desatendidas...» (v. 1).

Servimos a un Dios que odia la injusticia, la opresión, la división y la pobreza; ¡alabado sea Dios por este aspecto de Su carácter! Agradece a Dios que este ministerio en particular forma parte de Su gran plan para hacer que el mundo vuelva a estar bien. Ora para que sea eficaz a la hora de impartir justicia a los marginados y ayudar a los que sufren.

2 SEAN LLENOS DEL ESPÍRITU

«... escojan de entre ustedes a siete hombres de buena reputación, llenos del Espíritu...» (v. 3).

Ora para que los cristianos involucrados en este ministerio realicen su trabajo con amor, gozo, paciencia, bondad y dominio propio. Esto solo puede hacerlo el Espíritu Santo. Pide a Dios que derrame generosamente Su Espíritu en los corazones de los involucrados.

3 SEAN LLENOS DE SABIDURÍA

«… y de sabiduría» (v. 3).

Los líderes de este ministerio se enfrentarán habitualmente a un campo minado de decisiones difíciles. Quizás sean grandes decisiones sobre la dirección que está tomando el ministerio; quizás sean decisiones más pequeñas sobre qué decir a una persona difícil. En cualquier caso, tus hermanos necesitan sabiduría en este trabajo; pide a Dios que se las dé.

4 TENGAN EL APOYO DE TODA LA IGLESIA

«Esta propuesta agradó a toda la asamblea. [...] Los presentaron a los apóstoles, quienes oraron y les impusieron las manos» (vv. 5-6).

En este pasaje, vemos que el ministerio de la «palabra» y los ministerios prácticos se complementan entre sí; ora para que este sea también el caso en tu iglesia. Ora para que el ministerio práctico sea valorado y apoyado por toda tu iglesia. Piensa en formas específicas en que puedes ofrecer tu apoyo.

5 DIFUNDAN LA PALABRA

«Y la palabra de Dios se difundía…» (v. 7).

Agradece a Dios que los cristianos no solo ofrecen soluciones temporales al sufrimiento humano, sino también una solución eterna. Ora para que haya oportunidades de compartir el evangelio a través de esta obra. Ora para que, cuando los no cristianos vean que el pueblo de Dios los trata con compasión y amor, se sientan atraídos por nuestro Dios compasivo y amoroso.

5

RAZONES PARA ORAR

POR PERSONAS EN MI IGLESIA

LOS ANCIANOS

JOSUÉ 14:6-15

PERSONAS POR LAS QUE ORAR:

_____

_____

_____

_____

1 AGRADECE A DIOS

«Yo tenía cuarenta años cuando…» (v. 7).

Agradece a Dios por la forma en que los ancianos de tu iglesia le han servido y han bendecido a Su pueblo a lo largo de los años. Al igual que Caleb, que tuvo que recordar a los israelitas su papel al explorar la tierra prometida (vv. 6-9), ¡los miembros mayores de tu iglesia probablemente han hecho más de lo que la mayoría puede recordar! Pero gracias a Dios, Él ha visto cada detalle de sus años de servicio fiel.

2 FUERZA Y VIGOR

«… aquí estoy este día con mis ochenta y cinco años: ¡el Señor me ha mantenido con vida! Y todavía mantengo la misma fortaleza…» (vv. 10-11).

La vejez puede retrasarnos en muchos aspectos, pero ora para que los ancianos de tu iglesia se mantengan espiritualmente fuertes y vigorosos. Presenta a Dios, especialmente, a las personas que se sientan agotadas por la enfermedad o los padecimientos. Ora para que, a pesar del sufrimiento físico, compartan el entusiasmo de Caleb por servir a Dios y compartan historias de Su fidelidad.

CONFIANZA EN DIOS

«... el SEÑOR hizo la promesa [...] ¡el SEÑOR me ha mantenido con vida!» (v. 10).

Ora para que, al igual que Caleb, los ancianos de tu iglesia se sientan entusiasmados y alentados al ver cómo Dios ha cumplido las promesas que les hizo. Ora para que tengan una gran confianza en que, con la «ayuda del SEÑOR» (v. 12), un día serán llevados a la mejor tierra prometida: el maravilloso país celestial.

BENDECIDOS POR LA IGLESIA

«Entonces Josué bendijo a Caleb...» (v. 13).

Agradece a Dios por las personas que se esfuerzan especialmente por satisfacer las necesidades de los ancianos en tu iglesia: las personas que los llevan en auto, les traen una taza de café después del servicio y los invitan a casa a pasar Navidad. A menudo, el cuidado de las personas mayores recae sobre unos pocos, pero ora para que todos los miembros de tu iglesia traten de bendecir a sus miembros mayores. Piensa en oración cómo podría ser eso para ti.

5 ESCUCHADOS Y VALORADOS

«A partir de ese día Hebrón ha pertenecido al quenizita Caleb...» (v. 14).

Después de que Caleb habló, ¡actuaron de acuerdo con lo que dijo! Ora para que tu iglesia busque, escuche y actúe según la sabiduría de los miembros mayores. Ora para que los ancianos se sientan cada vez más amados y valorados mientras cumplen su papel vital como madres y padres espirituales en la familia de Dios.

5 RAZONES PARA ORAR

POR LA IGLESIA EN GENERAL

OTRA IGLESIA CERCA DE NOSOTROS

FILIPENSES 1:3-11

PERSONAS POR LAS QUE ORAR:

_____

_____

_____

_____

Lleva a otra iglesia de tu zona o red ante Dios y ora…

 AGRADECIENDO A DIOS POR ESTA IGLESIA

> *Agradece a Dios por la colaboración «en el evangelio» de esta iglesia (v. 5).*

Ora «con alegría», agradeciendo a Dios que ha comenzado «tan buena obra» en los creyentes de allí al llevarlos a la fe en Cristo. Esto es nada menos que un milagro, así que ¡alaba a Dios!

2 AGRADECIENDO A DIOS POR SU GRACIA COMPARTIDA

> *Agradece a Dios que, aunque sus iglesias puedan parecer y sentirse muy diferentes, comparten «de la gracia que Dios […] ha dado» (v. 7).*

Agradece a Dios por el vínculo entre sus dos congregaciones. Ora para que no haya ningún indicio de rivalidad o celos entre ustedes, sino solo un afecto creciente (v. 8).

POR UN AMOR ABUNDANTE

Ora para que el «el amor de ustedes abunde cada vez más en conocimiento y en buen juicio» (v. 9).

Ora para que Dios los llene de un abundante amor por Él, un abundante amor por los demás y un abundante amor por los perdidos. Ora también para que crezcan en su conocimiento de Dios al mirar Su Palabra.

POR DISCERNIMIENTO

Ora por discernimiento individual; que cada día los miembros de esta iglesia elijan ser «puros e irreprochables» (v. 10).

Luego ora por discernimiento para la iglesia entera. ¿A qué situaciones o decisiones difíciles se enfrentan? Ora para que esta iglesia sepa cuál es el mejor camino a seguir, «para gloria y alabanza de Dios» (v. 11).

POR FRUTO DE JUSTICIA

Ora para que en esta iglesia esten «llenos del fruto de justicia que se produce por modio de Jesucristo» (v. 11).

Ora para que nadie caiga en la mentira de que podemos quedar bien con Dios por ir a la iglesia y ser amables con la gente. En lugar de eso, ora para que esta iglesia crezca a medida que más personas se acerquen, escuchen el evangelio y se reconcilien con Dios a través de la fe en Cristo.

5

RAZONES PARA ORAR

POR LA IGLESIA EN GENERAL

NUESTRO SOCIO MISIONERO

1 TESALONICENSES 2:1-12

PERSONAS POR LAS QUE ORAR:

_____

_____

_____

_____

AGRADECE A DIOS

Agradece a Dios por los misioneros del Nuevo Testamento, como Pablo, por sus «esfuerzos y fatigas» en el crecimiento de la iglesia primitiva (v. 9).

A continuación, da gracias a Dios por tu compañero de misión. Agradece a Dios por Su gracia al salvarlos; agradece a Dios por los dones y talentos que les ha dado; agradece a Dios por Su disposición a utilizar estos talentos para servirlo transculturalmente.

ÁNIMO

«… no tratamos de agradar a la gente, sino a Dios, que examina nuestro corazón» (v. 4).

Servir a Dios transculturalmente puede traer un torrente de desalientos: problemas de salud, relaciones difíciles con el equipo, ataques espirituales o una aparente falta de frutos. Ora para que tu compañero de misión sea animado, sabiendo que no está tratando de complacer a los socios locales o a su iglesia de envío, sino a Dios, y que su fidelidad continua es lo que deleita a su Padre.

3 CENTRADO EN EL EVANGELIO

«... cobramos confianza en nuestro Dios y nos atrevimos a comunicarles el evangelio en medio de una gran lucha» (v. 2).

Es posible que tu compañero de misión trabaje en una parte del mundo donde compartir el evangelio conlleva un riesgo significativo. Pide a Dios que sea valiente. Tu compañero de misión también puede tener un trabajo «secular», que puede amenazar con robar el enfoque, la energía y el tiempo de este objetivo principal. Ora para que, como en el caso de Pablo, este «trabajo de hacer tiendas» facilite el ministerio del evangelio, en lugar de distraerlo.

4 CAMINE CON RECTITUD

Ora para que este misionero viva de manera «santa, justa e irreprochable» (v. 10), incluso cuando las cosas sean difíciles.

Tal vez conozcas algunas formas en las que esta persona lucha por ser piadosa; ora por ellas específicamente.

5 PROFUNDIZACIÓN DE LAS RELACIONES

Ora para que, al igual que Pablo, tu compañero de misión esté siempre «[animando, consolando y exhortando a los cristianos locales] a llevar una vida digna de Dios» (v. 12).

Agradece a Dios por los cristianos, tus hermanos en esta parte del mundo. Ora para que tu socio misionero pueda establecer relaciones profundas con los creyentes locales, basadas en una unidad en el evangelio que supere todas las diferencias culturales.

5

RAZONES
PARA ORAR

POR LA IGLESIA EN GENERAL

IGLESIAS
LEJANAS

1 PEDRO 4:12-19

PERSONAS POR LAS QUE ORAR:

Puedes orar por una iglesia asociada específica en otro país; o por las iglesias que se enfrentan a la persecución.

1 ALEGRARSE EN EL SUFRIMIENTO

Si esta iglesia se enfrenta a la persecución, ora para que se regocijen «de tener parte en los sufrimientos de Cristo» (v. 13).

Ora para que no se sorprendan por el sufrimiento, sino que confíen en el amor de Cristo por ellos, sabiendo que Él sufrió en nombre de todo Su pueblo para que un día no suframos más. Dondequiera que esté esta iglesia, seguro que sufrirán los efectos generales de la caída: enfermedades, dolor, conflictos relacionales, etc. Ora para que, por muy mal que se sientan, estos cristianos recuerden que son «dichosos» porque «el glorioso Espíritu» descansa sobre ellos (v. 14).

2 MIRAR HACIA ADELANTE

Agradece a Dios porque será «inmensa [nuestra] alegría cuando se revele la gloria de Cristo» (v. 13).

Ora para que esta iglesia espere cada vez más ese día y viva en la verdad de ello.

NO AVERGONZARSE

Toma un momento para alabar «a Dios por llevar el nombre de Cristo», un nombre que compartes con millones de personas en todo el mundo (v. 16).

Ora para que las iglesias de otras partes del mundo «no se [avergüencen]» de ser del pueblo del Señor, aunque su cultura diga que es algo vergonzoso ser cristiano.

PREOCUPARSE POR LOS PECADORES

«... ¿qué será del impío y del pecador?» (v. 18).

La promesa de la justicia del Señor debería reconfortar a los cristianos perseguidos. Pero, igualmente, ora para que esta iglesia no sea insensible a los que están fuera de ella, sino que se preocupe profundamente por su futuro eterno. Ora para que sean activos en llamar a las personas al arrepentimiento y a la fe en el Señor Jesús.

HACER EL BIEN A LOS DEMÁS

Agradece a Dios por la maravillosa verdad del versículo 19: tenemos un «fiel creador».

Ora para que esta seguridad libere a Su pueblo para que «sigan practicando el bien». Ora para que sean una bendición en su comunidad al hacer buenas obras sin esperar nada a cambio; y para que la forma en que devuelven el bien por el mal señale a otros al único y verdadero fiel Creador.

5

RAZONES
PARA ORAR

POR LA IGLESIA EN GENERAL

LOS NO
ALCANZADOS

MATEO 9:35-38

PERSONAS POR LAS QUE ORAR:

_____

_____

_____

_____

Ya sea en un país lejano o en una urbanización local, ora por un grupo específico «no alcanzado»:

1 BUENAS NUEVAS PARA TODOS

Agracede a Dios porque la noticia del reino de Cristo es «buenas nuevas» (v. 35).

Alabemos a Dios por la forma en que Jesús lo proclamó en «todos los pueblos y aldeas»: no importa dónde o cómo viva la gente, el evangelio es buenas nuevas universales. Agradece a Dios que quiere a todas las naciones y a todo tipo de personas en Su reino.

2 COMPASIÓN

Las personas sin Cristo están «agobiadas y desamparadas», y cuando Jesús se vio rodeado de los perdidos, «tuvo compasión» (v. 36).

Sin embargo, cuando contemplamos el gran número de personas perdidas, a menudo podemos hundirnos en la indiferencia o la desesperanza apática. Pide a Dios que te llene de más compasión de Cristo. Pídele que te haga fiel tanto en la oración por los no alcanzados como en tu parte para alcanzarlos.

CONOCER AL BUEN PASTOR

Agradece a Jesús que es el buen «pastor» que la gente necesita (v. 36).

Agradécele por la forma en que entregó Su vida por Sus ovejas; ora para que muchas de estas personas no alcanzadas lleguen a comprender el sacrificio de la cruz. Ora para que experimenten el gozo y la seguridad que da seguir al buen Pastor.

COSECHA ABUNDANTE

Puede que no lo parezca, pero Jesús es claro: «La cosecha es abundante» (v. 37). ¡Alabado sea Dios!

Pide perdón a Dios por las veces que has dudado de esto; por las veces que, incluso inconscientemente, has descartado a la gente por estar demasiado lejos, por ser demasiado dura, o por ser demasiado complicada. ¡Pídele que anime tu alma con esta verdad: «La cosecha es abundante»!

ENVIAR MÁS OBREROS

Jesús es igualmente claro al decir que «son pocos los obreros» (v. 37).

Y esto es lo que nos dice que hagamos al respecto: «Pídanle, por tanto, al Señor de la cosecha que envíe obreros a su campo» (v. 38). ¡Así que pídelo ahora! Y, si te atreves, pídele a Dios que te use como obrero en la parte de Su campo de cosecha que Él quiera.